CW01455706

LOS TURISTAS

EL HOMBRE MISTERIOSO

Pedro Aníbal García Jerez

SGEL

Primera edición, 2022

Produce: SGEL Libros
Avda. Valdelaparra, 29
28108 Alcobendas (Madrid)

© Pedro Aníbal García Jerez

© SGEL Libros, S. L., 2022
Avda. Valdelaparra, 29, 28108 Alcobendas (Madrid)

Dirección editorial: Javier Lahuerta
Coordinación editorial: Jaime Corpas
Edición: Yolanda Prieto
Corrección: Isabel Marrón
Diseño de cubierta e interior: Lanchuela
Ilustraciones de cubierta e interior: Milan Rubio
Maquetación: Lanchuela

ISBN: 978-84-19065-02-5

Depósito legal: M-22268-2022
Printed in Spain – Impreso en España

Impresión: Liber Digital, S.L.

ÍNDICE

INTRODUCCIÓN 5

1 LA MALETA AMARILLA 7

2 EL VIAJE 11

3 LLEGAMOS A MADRID 15

4 DE PASEO POR MADRID 22

5 VISITA AL MUSEO DEL PRADO 27

6 LA NOTA MISTERIOSA 32

7 NUESTRO AMIGO VELÁZQUEZ 37

8 LA CENA EN EL PALACIO REAL 42

ACTIVIDADES 48

SOLUCIONES 58

NOTAS CULTURALES 60

INTRODUCCIÓN

¡Hola! ¿Cómo estás?

Me llamo Cristina y tengo 13 años. Vivo con mis padres y con Leo, mi hermano pequeño. Leo tiene 10 años, y es muy simpático y divertido. Vivimos en el año 2345. En nuestro mundo no hay países. Tampoco hay **guerras**[1].

Viajar en el tiempo es posible. Tenemos aeropuertos del tiempo y **máquinas del tiempo**[2] para viajar a otros años. ¡Mi familia y yo somos turistas del tiempo!

Estoy muy **emocionada**[3]. Hoy es un día especial. ¡Viajo con mi familia a España!

¿No sabes qué es España?

---

1 guerras: wars / Kriege / guerres
2 máquinas del tiempo: time machines / Zeitmaschinen / machine à remonter le temps
3 emocionada: excited / aufgeregt / excitée

España es un lugar muy bonito con mucha cultura. Está en el sur de Europa, entre Francia y Portugal. En España hay ciudades y pueblos interesantes. También hay **paisajes**[4] bonitos y comida muy buena.

Pero ¿por qué viajamos a España? Esa es una buena pregunta.

Estudio español en la escuela y en nuestras vacaciones, a veces, tenemos **deberes**[5]. Son deberes muy divertidos, porque tenemos que hacerlos en lugares donde se habla español. Además, podemos viajar con nuestras familias.

En esta historia viajamos al año 2022. ¿Quieres viajar con nosotros?

¡Vamos!

---

4 paisajes: landscapes / Landschaften / paysages
5 deberes: homework / Hausaufgaben / devoirs

1

LA MALETA AMARILLA

En la escuela tenemos una semana de vacaciones. Pero tengo deberes de español. Tenemos que visitar una ciudad española en el siglo XXI. Mi familia y yo elegimos Madrid y el año 2022.

Para viajar a España necesito muchas cosas. Necesito mi música, necesito mis libros y necesito ropa. ¡Necesito una **maleta**[6] grande!

La ropa siempre es muy importante para un viaje. **Por suerte**[7], viajamos a España en primavera. Y en primavera necesitamos menos ropa.

Necesito zapatos cómodos. También necesito unos pantalones vaqueros. En 2022 los **vaqueros**[8]

---

6 maleta: suitcase / Koffer / valise
7 por suerte: luckily / zum Glück / heureusement
8 vaqueros: jeans-denim / jeans / jeans

son muy comunes. Necesito muchas camisetas y una chaqueta.

Mi mamá dice que necesito algunas blusas o camisas elegantes. Mi papá dice que necesito unas **deportivas**[9], una gorra y unas gafas de sol. Y mi hermano dice que necesito mucho dinero. ¡Creo que tienen planes muy diferentes!

También necesito mi máquina del tiempo, pero no tengo **espacio**[10] en mi maleta. ¡Necesito ayuda!

—¿Mamá, puedes **llevar**[11] mi máquina del tiempo en tu maleta, por favor?

—Lo siento, hija. Mi maleta está llena. Pregunta a tu padre —responde mamá.

—Vale. Gracias.

***

—¿Papá, puedes llevar mi máquina del tiempo en tu maleta, por favor?

—Lo siento, Cristina. No puedo. No tengo espacio. Pregunta a tu hermano —responde papá.

—Vale. Gracias.

***

—Leo, ¿dónde estás?

---

9 deportivas: trainers / Sportschuhe / des baskets
10 espacio: space / Platz / place
11 llevar: carry / mitnehmen / mettre

—Hola, Cristina, estoy aquí —responde Leo—. ¿Puedes venir un momento, por favor? Necesito tu ayuda.

—¿Qué pasa, Leo?

—No tengo espacio en mi maleta para mi máquina del tiempo. ¿Puedes llevarla en tu maleta, por favor?

—¡Leo, no puedo! ¡No tengo espacio para mi máquina del tiempo! ¡Y mamá y papá tampoco! ¿Qué vamos a hacer?

¡Qué desastre![12] ¡Nadie tiene espacio en su maleta! Finalmente, tenemos que comprar una maleta nueva para las cuatro máquinas del tiempo.

Todas nuestras maletas tienen un color diferente. Mi maleta es azul, porque el azul es mi color favorito. La maleta de Leo es roja, porque es el color del equipo de fútbol de España. Mamá tiene una maleta negra, porque ella dice que es más elegante. Y papá tiene una maleta verde, ¡porque es la **última**[13] maleta de la tienda!

Para llevar las máquinas del tiempo compramos una maleta amarilla. Mamá dice que es un color muy simpático.

---

12 ¡Qué desastre!: What a mess! / Was für eine Katastrophe! / Quel désastre !
13 última: last / letzter / dernière

Los colores son bonitos, feos, tristes, alegres, oscuros o claros. Pero ¿simpáticos? ¿Por qué dice mamá que el amarillo es un color simpático? ¡Todos **nos reímos**[14] mucho!

---

14 **nos reímos:** we laugh / wir lachen / nous avons tous beaucoup ri

2

EL VIAJE

Viajar en el tiempo es fácil y divertido, pero hay cinco **reglas**[15] importantes:
- No puedes viajar solo.
- Tienes que viajar desde un aeropuerto del tiempo.
- Tienes que **programar**[16] el viaje de vuelta.
- Necesitas hacer un curso para aprender las **costumbres de la época**[17].
- Necesitas un pasaporte de viajero del tiempo.

Nosotros viajamos juntos. También conocemos las costumbres de la época gracias a un curso.

---

15 reglas: rules / Regeln / règles
16 programar: schedule / planen / planifier
17 costumbres de la época: customs of the time / die Bräuche der Zeitepoche / habitudes (traditions) de l'époque

Nuestro viaje de vuelta es en una semana. Y todos tenemos pasaportes. ¡Estamos listos para viajar!

***

A las tres de la tarde, cogemos nuestras maletas y salimos de casa. Un *taxi-dron* nos espera en la puerta. Volamos por encima de la ciudad. No estamos solos, hay muchos *taxis-dron*. ¡Es una experiencia increíble!

En 15 minutos llegamos al aeropuerto del tiempo. En el año 2022 también hay aeropuertos, pero es más aburrido porque la gente no viaja a otras épocas. Los turistas del año 2022 viajan a otras ciudades o países.

Pasamos por el control de pasaportes sin problemas. Una **azafata**[18] nos pregunta a qué año viajamos.

—¡Viajamos al año 2022! —contesta papá.

—¡Me encanta el siglo xxi! Es una época muy interesante de la historia —responde la azafata.

—Sí. ¡Estamos muy emocionados!

—**Disfruten**[19] de su viaje.

—¡Gracias!

***

---

18 azafata: stewardess / Flugbegleiterin / hôtesse de l'air
19 disfruten: enjoy / genießen Sie / profitez (de votre voyage)

Todos tenemos hambre y comemos un poco de fruta antes de viajar. Yo como una pera. Leo, dos ciruelas. Mamá, una manzana roja. Y papá come un plátano. Mamá no quiere mirar a papá. A todos en la familia nos gustan los plátanos, pero mamá los odia.

¡Qué emocionante![20] ¡La próxima comida es en España!

***

Entramos en la **sala de embarque**[21]. Sacamos nuestras máquinas del tiempo de la maleta amarilla y todos decimos: *"aeropuerto de Madrid, año 2022"*.

Cerramos los ojos y esperamos 10 segundos. Diez, nueve, ocho, siete, seis, cinco, cuatro, tres…

¡Oh, no! Algo va mal. Hay otra persona en la sala con nosotros.

Y 5 minutos después nos despertamos en el aeropuerto de Madrid en el año 2022. Solo estamos los cuatro: papá, mamá, Leo y yo. La persona **misteriosa**[22] ya no está con nosotros. ¿Dónde está?

---

20 **¡Qué emocionante!**: How exciting! / Wie aufregend! / Que c'est passionant !
21 **sala de embarque**: departure lounge / Abflughalle / salle d'embarquement
22 **misteriosa**: mysterious / geheimnisvoll / mystérieuse

Miro por toda la sala, pero no hay nadie. Mamá me mira **preocupada**[23].

—¿Estás bien, Cristina? —pregunta mamá.

—Sí, mamá. Gracias. Solo estoy cansada.

Leo y papá salen por la puerta. Están muy emocionados.

—¡Vamos! ¡Madrid nos espera! —dice papá.

---

23 preocupada: worried / besorgt / inquiète

3

LLEGAMOS A MADRID

El aeropuerto de Madrid es grande y bonito. Estamos en el año 2022, pero es muy moderno. Hay mucha gente y todo el mundo **tiene prisa**[24]. Nosotros también andamos rápido. No queremos **llamar la atención**[25].

Cogemos las maletas y vamos hacia la salida. **De repente**[26] Leo dice:

—¿Dónde está la maleta amarilla?

Mis padres van a buscar la maleta. Leo y yo esperamos, pero estamos nerviosos. No podemos perder nuestras máquinas del tiempo. ¡Tenemos que

---

24 tiene prisa: to be in a hurry / in Eile sein / est pressé
25 llamar la atención: draw attention / Aufmerksamkeit erregen / attirer l'attention sur nous
26 de repente: suddenly / plötzlich / tout d'un coup

volver al año 2345! ¡No podemos vivir siempre en España en el siglo XXI!

Por suerte, mamá y papá vuelven pronto con la maleta amarilla y una **sonrisa**[27].

***

Vamos al hotel en un taxi blanco. El taxi ¡es un coche! ¡Y no vuela, va por una **carretera**[28]! Hay muchos coches en las calles de Madrid. También hay motos y autobuses.

El taxista es muy simpático y quiere hablar español con papá, pero habla muy rápido y papá no lo entiende muy bien.

—¿A dónde van? —pregunta el taxista.

—Eh... ¿cómo? —responde papá.

—¿A dónde van? ¿Van a un hotel?

—Sí, sí. A un hotel.

—¿Dónde está el hotel?

—Perdón, es que no lo entiendo. ¿Puede hablar más despacio?

—¿Dónde está el hotel?

—Oh... Sí, sí, el hotel... Está en la calle Gran Vía, número 53.

---

27 sonrisa: smile / Lächeln / sourire
28 carretera: road /Autobahn / route

—¡Perfecto! En un momento estamos en su hotel. Hoy hay poco tráfico.

—Disculpe, ¿puede repetirlo, por favor?

El taxista repite la frase muy, muy despacio y papá ahora sí lo entiende. Todos nos reímos mucho, también el taxista.

Finalmente[29] llegamos al hotel. Papá paga al taxista y decimos adiós.

—¡Adiós, amigos! ¡Disfruten de Madrid! —dice el taxista.

— Muchas gracias. ¡Adiós! —contestamos todos.

***

El hotel es un **edificio**[30] antiguo y muy bonito. Está en la calle Gran Vía. La Gran Vía es una calle muy importante de Madrid. Hay muchos edificios históricos. También hay cines, teatros, restaurantes y tiendas. ¡Es un **paraíso**[31] para hacer compras! ¡Y hay mucho **ambiente**[32]! ¡Me encanta! A mamá también le gusta mucho, pero Leo y papá piensan que hay mucha gente. ¡Y muchos coches!

---

29 finalmente: finally / endlich / finalement
30 edificio: building / Gebäude / bâtiment
31 paraíso: paradise / Paradies / paradis
32 ambiente: It´s very lively /Atmosphäre / ambiance

En el hotel tenemos dos habitaciones: una para papá y mamá, y Leo y yo **compartimos**[33] otra. Nuestra habitación es grande y bonita.

En la habitación hay dos camas, una mesa con dos sillas, una estantería, un armario y un sofá pequeño. ¡También hay una televisión muy grande enfrente de las camas! Leo y yo pensamos que es una idea muy buena. La televisión es nuestro invento favorito del pasado. En el año 2345 no hay televisiones.

Desde la ventana de nuestra habitación vemos la Gran Vía. ¡Es una calle muy bonita!

Esta noche vamos a cenar en un restaurante en Madrid. ¡Leo y yo estamos muy emocionados! En Madrid hay muchos restaurantes. ¡Y esta noche vamos a cenar comida española del siglo XXI!

Salimos del hotel a las ocho y media para ir a cenar. En España la gente cena muy tarde. Tenemos mucha hambre.

En las calles hay mucha gente. Me gusta mucho **observar**[34] a las personas. Nuestra ropa es gris y su ropa es... ¡Su ropa es muy diferente! ¡Tiene muchos

---

33 compartimos: we share / wir teilen / nous partageons
34 observar: watch / beobachten / observer

colores! ¡Me encanta! Mañana tenemos que comprar ropa nueva.

De repente, en la puerta del hotel veo al hombre misterioso del aeropuerto del tiempo. **¡No puede ser!**[35] Es un hombre con ropa muy extraña. **Se esconde**[36] detrás de un árbol, pero puedo ver su cara un momento. Tiene el pelo negro y largo. También tiene un bigote.

Tengo miedo[37] y quiero **gritar**[38]. Pero el hombre ya no está. Mamá me mira preocupada:

—¿Estás bien, Cristina?

—No sé, mamá. Hay un hombre misterioso. Y tengo miedo.

—¿Cómo es ese hombre?

—Tiene ropas extrañas. Muy antiguas. Tiene el pelo negro y largo. ¡Ah! Y tiene bigote.

—¿Quieres hablar con la policía?

—No, mamá. Estoy bien. Gracias.

—¿Estás segura, hija?

—Sí, mamá. Vamos a cenar. Tengo mucha hambre. ¡Y quiero comer tortilla de patatas!

---

35 ¡No puede ser!: It cannot be possible! / Es kann nicht sein! / Ce n'est pas possible !

36 se esconde: he hides / Er versteckt sich / il se cache

37 tengo miedo: I am scared / Ich habe Angst / J'ai peur

38 gritar: shout / schreien / crier

—¡Y yo también! ¡Y un **bocadillo de calamares**[39]! ¡Es el bocadillo típico de Madrid! —dice papá.

---

39 bocadillo de calamares: squid sandwich /Tintenfish-Sandwich /sadwich au calamar

4

DE PASEO
POR MADRID

Hoy es San Isidro, la fiesta de la ciudad de Madrid, y nosotros decidimos pasear por la ciudad.

Por la mañana queremos visitar el Parque del Retiro. Es el parque más importante y más bonito de Madrid. Por la tarde, mi madre y yo queremos visitar el Museo del Prado, pero mi padre y Leo prefieren visitar el estadio Santiago Bernabéu. Es el estadio de fútbol del Real Madrid.

¡Hoy hace muy buen día! Hace sol, pero no hace mucho calor. El Parque del Retiro no está muy lejos de la Gran Vía. **Damos un paseo**[40] de 20 minutos. El **camino**[41] es muy bonito y vemos dos

---

40 **damos un paseo:** we take a walk / wir spazieren / nous faisons une promenade

41 camino: way-path / Weg / le chemin

monumentos muy famosos de Madrid: la fuente de Cibeles y la Puerta de Alcalá. ¡Son dos monumentos preciosos!

Finalmente llegamos al Parque del Retiro. ¡Es un parque increíble! Hay muchos árboles y muchas flores. También hay fuentes, estatuas y pequeños lagos.

Hay mucha gente en el parque. Algunas personas hacen deporte. Otras personas pasean con sus perros. ¡Y otras comen un helado! Leo y yo también queremos uno. Papá y mamá nos compran un helado. El helado de Leo es de chocolate y mi helado es de **turrón**[42]. **¡Qué rico!**[43]

En el Parque del Retiro también hay un pequeño lago. Cerca de ese lago hay un edificio de cristal precioso. Se llama el Palacio de Cristal y muchos turistas hacen fotos. ¡También hay **artistas callejeros**[44]! ¡Son increíbles! Hay actores, **pintores**[45], **malabaristas**[46], cantantes...

A mis padres les gusta un grupo de tres personas que cantan y bailan flamenco. Un hombre toca la

---

42 turrón: nougat / Mandelteig und Honig / nougat
43 ¡Qué rico!: Delicious! / Wie köstlich! / C'est delicieux !
44 artistas callejeros: street artists / Straßenkünstler / artistes de rue
45 pintores: painters / Maler / peintres
46 malabaristas: jugglers / Jongleure / jongleurs

guitarra española, otro hombre canta y una mujer baila. ¡Son fantásticos! A Leo le gustan mucho los malabaristas. ¡Quiere aprender sus trucos! ¡Está emocionado!

A mí me encantan los pintores. Hay un pintor muy bueno que pinta un **cuadro**[47] muy bonito. Hay mucho público. El cuadro es increíble. Es un cuadro muy famoso de un pintor español.

En el cuadro hay unas niñas, un perro y un pintor. Me gusta mucho el cuadro, pero... ¡no puede ser!

—¡Mamá! ¡El hombre del cuadro!

—**¿Qué pasa**[48], Cristina? —pregunta mamá.

—¡Es él! ¡Es el hombre misterioso del aeropuerto y del hotel!

—¿Estás segura?

—¡Sí, mamá! ¡Estoy segura! ¡Tiene el pelo negro y largo! ¡Y tiene bigote! ¡Es él!

—Pero, Cristina. ¡Eso es imposible! Ese hombre es un pintor muy famoso. Se llama Velázquez y está muerto.

—¡No puede ser!

---

47 cuadro: painting / das Gemälde / tableau
48 ¿Qué pasa?: What happens? / Was ist los? / Que se passe-t-il ?

—Sí, Cristina. Esta tarde vamos a ver sus cuadros en el Museo del Prado.

—Mamá, no lo entiendo. Estoy segura. Este es el hombre misterioso.

5

VISITA AL MUSEO DEL PRADO

Después de visitar el Parque del Retiro, volvemos al hotel. Estamos muy cansados y queremos dormir una siesta. En España algunas personas duermen una siesta después de comer. Antes de la siesta vamos todos a la habitación de papá y mamá.

De repente, mamá da un grito.

—¿Qué pasa, mamá?

—¡La maleta amarilla! ¡Solo hay una máquina del tiempo! —responde mamá.

—Pero... eso es imposible —dice papá—. ¿Qué vamos a hacer? No podemos llamar a la policía. ¡Tenemos que buscar las máquinas del tiempo!

—¡Tengo una idea, papá! Vamos todos al Museo del Prado.

—¿Por qué? —pregunta papá.

—¡Creo que las máquinas del tiempo están allí! Creo que Velázquez y el hombre misterioso son la misma persona. Tenemos que buscar los cuadros de Velázquez. **Quizás**[49] hay un mensaje.

—No me gusta tu idea, Cristina —dice Leo—. Yo quiero ir al estadio de fútbol.

—Leo, tenemos que encontrar las máquinas del tiempo —dice mamá—. ¡Tenemos que volver al año 2345!

***

Finalmente, todos vamos al Museo del Prado. El Museo del Prado no está lejos de la Gran Vía, pero no damos un paseo, porque tenemos prisa. Tomamos un taxi.

El museo es muy bonito. Es un edificio histórico. Hay muchos árboles **alrededor**[50], pero también hay muchos turistas. Quieren visitar el museo. Por suerte, no hay **cola**[51].

En el museo hacemos dos **equipos**[52]: Leo va con papá, y yo voy con mamá.

En el Museo del Prado hay muchos cuadros de pintores de todo el mundo: españoles, italianos,

---

49 quizás: perhaps / Vielleicht / peut-être
50 alrededor: around / um/rundherum / autour
51 cola: queue / Warteschlange / queue
52 equipos: teams / Gruppen / équipes

portugueses, holandeses, franceses, ingleses, alemanes, americanos... ¡Es muy interesante! En el año 2345 no hay países y tampoco hay pintores. En el año 2345 solo hay museos virtuales y los cuadros se organizan por temas o colores, no por países o por estilos.

Mamá quiere mirar los cuadros, pero no tenemos tiempo.

—¡Mamá! ¡Tenemos que buscar las máquinas del tiempo!

—Pero ¿dónde están?

—No lo sé, mamá. Tenemos que buscar.

—Vamos a las **salas**[53] de Velázquez. **A lo mejor**[54] encontramos las maletas allí.

—¡Buena idea, mamá! ¿Cómo se llama el cuadro más famoso de Velázquez?

—Se llama "Las Meninas".

—¿Qué significa "meninas"?

—Las meninas son las **damas**[55] de la **princesa**[56].

—¡Vamos a buscar el cuadro!

—¡Vamos!

---

53 **salas:** museum rooms / die Museumsräume / salles
54 **a lo mejor:** perhaps / vielleicht / peut-être
55 **damas:** maids / Dienstmädchen / dames
56 **princesa:** princess / Prinzessin / princesse

El Museo del Prado es muy grande. Hay muchas salas. ¡Todas las salas son increíbles! En las salas hay muchos cuadros. Necesitamos mucho tiempo para encontrar el cuadro de "Las Meninas".

—¡Mira, Cristina! ¡Ahí está! ¡El cuadro de "Las Meninas"! —dice mamá.

—¡Es muy grande! ¡Y muy bonito! ¡Me encanta!

—¡Pero hay un problema!

—¿Qué pasa, mamá?

—¡No veo a la princesa y tampoco veo a las meninas! ¿Dónde están?

—¡No están!

—¡Tampoco están las otras personas del cuadro!

—¡Solo están Velázquez y el perro!

—¡Mira, Cristina! Hay una nota en el cuadro:

> A las ocho y media de la tarde.
> En el caballo del a█████:
> de la princesa.

—¡Perfecto! Primero buscamos a Leo y a papá, y después vamos al hotel.

—Un momento, Cristina —responde mamá—. Antes quiero comprar un libro sobre el Museo del Prado.

6

LA NOTA MISTERIOSA

Son las siete de la tarde. Todos estamos muy nerviosos. La nota dice:

A las ocho y media de la tarde. En el caballo[57] *del a__u__l__ de la princesa.*

No podemos leer una palabra. ¡No están todas las letras! ¿Qué podemos hacer?

De repente, papá dice:

—¡La palabra es "abuelo"!

—¡Muy bien! —responde mamá—. ¡El abuelo de la princesa!

—¿Quién es el abuelo de la princesa? —pregunta Leo.

---

57 caballo: horse / Pferd / cheval

—Es un **rey**[58] —responde mamá—. Un rey de España.

—Vale, pero ¿quién es la princesa? —pregunta papá.

—Es la princesa del cuadro de "Las Meninas". En mi libro dice que se llama Margarita Teresa —responde mamá.

—Es un nombre muy bonito —digo.

—¡Tenemos que buscar en internet quién es el abuelo de Margarita Teresa! —dice Leo.

—Hay un problema, Leo. En este momento no tenemos wifi —digo.

—No importa —dice mamá—. Tiene que ser un monumento. Tenemos que buscar una **estatua**[59]. ¡Vamos! ¡No tenemos mucho tiempo!

A las siete y media de la tarde salimos del hotel. No sabemos a dónde ir. Damos un paseo por el centro de Madrid.

¡El centro de Madrid es precioso! Después de 10 minutos, llegamos a la Puerta del Sol.

La Puerta del Sol es una plaza maravillosa. Es muy grande y hay mucha gente. También hay

---

58 **rey**: king / der König / roi
59 **estatua**: statue / Statue / statue

artistas callejeros. Los turistas hacen fotos de los edificios, de los artistas y... ¡de las estatuas!

De repente, Leo grita:

—¡Mamá, mira! ¡Hay una estatua de un rey y un caballo!

—¡Vamos! ¡Tenemos que leer su nombre! —dice mamá.

—Carlos uno, uno, uno —dice Leo.

—Se dice "Carlos tercero" —digo.

—¿Es él? —pregunta mamá.

—¡Vamos a mirar el caballo! —grita papá—. ¿Hay alguna nota?

—En el caballo no hay nada —responde Leo.

—Hay que buscar otra estatua —dice mamá—. Tenemos tiempo, **todavía no**[60] son las ocho y media.

—Yo espero aquí con mamá —dice Leo—. Vosotros buscáis otra estatua.

Papá y yo buscamos otra estatua con un caballo, pero Madrid es muy grande y no tenemos mucho tiempo. Papá pregunta a un señor en la calle dónde hay otra estatua con un rey y un caballo. El hombre responde que en la Plaza Mayor hay una estatua muy famosa.

---

60 todavía no: yet /noch nicht / encore

Finalmente, a las ocho y media llegamos a la Plaza Mayor. ¡Es una plaza increíble! Es la plaza más bonita que conozco.

En el centro de la Plaza Mayor hay una estatua de un rey con un caballo. Nos acercamos y leemos que es la estatua del rey Felipe III.

7

NUESTRO AMIGO VELÁZQUEZ

Papá encuentra una nota en la estatua de Felipe III en la Plaza Mayor:

Chocolate con churros en San Ginés.
Diego.

Buscamos a mamá y a Leo. Leemos la nota juntos. Mamá conoce San Ginés: es una cafetería de Madrid donde hay chocolate con churros. Es una cafetería muy famosa.

—¡Tengo hambre! ¡Quiero comer chocolate con churros! —dice Leo.

Todos tenemos hambre. San Ginés está muy cerca de la Plaza Mayor. En 5 minutos llegamos a la cafetería. En la puerta hay un hombre con pelo negro y largo. También tiene bigote. ¡Es él! ¡Es Velázquez!

—¡Hola! Me llamo Diego Velázquez.

—¡Hola! ¿Eres Velázquez? —pregunta papá—. ¡No es posible! ¿Cómo...?

—No tengo vuestras máquinas del tiempo. Pero sé dónde están —responde Velázquez.

—Pero... ¿cómo? Y ¿dónde están la princesa y las meninas? —pregunta mamá—. No están en el cuadro.

—¿Queréis escuchar mi historia? —pregunta Velázquez.

—¡Sí! Pero también queremos comer —responde Leo—. ¡Queremos chocolate con churros!

—¡Vale! ¡Yo invito! —dice Velázquez.

¡Todos nos reímos mucho! Velázquez también se ríe.

Velázquez es muy simpático. Habla mucho y muy rápido. Habla de su familia, de Madrid y del Museo del Prado. También habla de sus cuadros y... de "Las Meninas".

Finalmente, Velázquez dice:

—¿Queréis conocer mi **secreto**[61]?

—¡Sí! —respondemos todos.

—¡Soy un viajero del tiempo y la princesa y las meninas son mis amigas! Ellas también son viajeras del tiempo.

—**¿De verdad?**[62] —pregunta mamá—. ¡Es increíble!

En la mesa de la izquierda hay tres chicas jóvenes. Nos miran y sonríen. ¡No puedo creerlo! ¡Son la princesa y las meninas!

La princesa Margarita Teresa se levanta y viene a nuestra mesa. Quiere hablar con nosotros.

—¡Hola! Soy la princesa Margarita Teresa. Tengo vuestras máquinas del tiempo y vosotros tenéis mi máquina. Es un error, lo siento. Mi maleta también es amarilla y en el aeropuerto del tiempo hay muchas maletas amarillas.

Mamá pregunta:

—¿Te gusta el amarillo?

—¡Sí, me encanta! —responde la princesa—. El amarillo es un color muy simpático.

---

61 secreto: secret / Geheimnis / secret
62 ¿De verdad?: Really? / Wirklich? / Vraiment ?

Mamá, papá, Leo y yo nos reímos mucho. Finalmente, la princesa, las meninas y Velázquez también se ríen.

Es un día muy divertido. ¡Me encanta Madrid! ¡Y me encanta el chocolate con churros!

8

LA CENA
EN EL PALACIO REAL

Hoy cenamos con nuestros amigos. La princesa y las meninas nos invitan a comer con ellas y con Velázquez. ¡Vamos a cenar en una habitación secreta del Palacio Real! ¡No puedo creerlo!

La cena es a las nueve de la noche. Es una hora muy española. Para nosotros es un poco **tarde**,[63] pero **no importa**[64]. ¡Tenemos mucha hambre!

***

A las ocho salimos del hotel. Pronto llegamos a la Puerta del Sol. Hay muchos turistas.

Nos encontramos con Velázquez en la estatua de Felipe III, en la Plaza Mayor. Juntos damos un paseo hasta el Palacio Real. El camino es muy bonito.

---

63 tarde: late / spät / tard
64 no importa: it does not matter / das ist egal / peu import

Velázquez quiere comprar comida para la cena. Entramos en el mercado de San Miguel. ¡Me encanta! ¡Hay mucha comida! Papá, mamá y Velázquez beben vino tinto en un **puesto**[65] del mercado. Leo y yo bebemos limonada.

En el mercado compramos mucha comida para la cena.

Velázquez compra jamón y chorizo. Leo compra aceitunas y pan. Mamá compra **rosquillas**[66] y churros. Papá compra bebida. Yo compro queso y una **empanada de atún**[67].

A las ocho y media entramos al Palacio Real por una puerta secreta. ¡Qué emocionante! Nadie nos ve entrar, tampoco la policía. ¡**Menos mal**![68]

Después de caminar 10 minutos, llegamos a la habitación secreta. ¡Es muy grande! Hay muchos muebles bonitos de madera. Los muebles son muy antiguos y muy elegantes. En las paredes hay cuadros y **tapices**[69]. Algunos cuadros son de Velázquez. ¡Son fantásticos!

---

65 puesto: market stall / Marktstand / étal
66 rosquillas: donuts / Kringel mit Anis / beignets
67 empanada de atún: tuna pie / mit Thunfisch gefüllte Teigpastete / tourte au thon
68 ¡Menos mal!: Thank goodness! / Gott sei Dank! / Heureusement !
69 tapices: tapestries / Wandteppiche / tapisseries

La princesa y las meninas están en la cocina. Llevan ropas muy elegantes.

—¿Cuándo comemos? ¡Yo tengo mucha hambre! —dice Leo.

La princesa y las meninas se ríen.

—¡Hola, Leo! Hoy cenamos comida española. Vamos a hacer muchas tapas. ¡Están deliciosas! —dice la princesa.

Estoy muy feliz. Me encantan las tapas españolas. ¡Y me encanta estar en un palacio con mi familia y mis nuevos amigos!

Velázquez y la princesa cocinan. ¡Son unos cocineros increíbles! Leo y yo ayudamos a las meninas a **poner la mesa**[70].

La mesa es muy grande. Es una mesa muy larga de madera. En la mesa hay seis **velas**[71] blancas. A mamá le encantan las velas.

¡La cena es fantástica! Hay mucha comida diferente y ¡está deliciosa!

Leo come muchas tapas.

—¡Mañana cocino yo! Quiero cocinar tapas —dice Leo con la boca llena.

Todos nos reímos.

---

70 **poner la mesa**: set the table / den Tisch decken / mettre la table

71 **velas**: candles / Kerzen / bougies

Finalmente, **nos despedimos**[72] de nuestros amigos y salimos del Palacio Real por un túnel secreto.

La noche en Madrid es fantástica. Hay mucha gente y muchas **luces**[73].

Mañana volvemos a casa, al año 2345, pero esta noche dormimos en Madrid en el año 2022.

FIN

---

72 nos despedimos: we say goodbye / wir verabschieden uns / nous disons au revoir
73 luces: lights / Beleuchtung / éclairée

ACTIVIDADES Y NOTAS CULTURALES

ACTIVIDADES

1 LA MALETA AMARILLA

Comprensión lectora

a ¿Verdadero o falso?

	V	F
1 Cristina tiene una semana de vacaciones.	☐	☐
2 Cristina necesita una maleta pequeña.	☐	☐
3 Los vaqueros son comunes en el año 2022.	☐	☐
4 Cristina y su familia viajan al año 2345.	☐	☐
5 Cristina tiene espacio en su maleta.	☐	☐
6 Nadie tiene espacio en su maleta.	☐	☐
7 La maleta de Leo es roja.	☐	☐
8 Para las máquinas del tiempo compran una maleta amarilla.	☐	☐

Vocabulario

b Completa las oraciones con el sustantivo correcto.

vacaciones • maleta • semana • vaqueros
deportivas • primavera • dinero • ropa

1 ¡Adiós! ¡Hasta la próxima _____!

2 En las _____ de verano voy a la playa con mi familia.

3 En mi armario tengo camisas, pantalones y otro tipo de _____.

4 En mi _____ llevo ropa.

5 La _____ es mi estación favorita.

6 Siempre llevo _____ a la escuela. Son muy cómodos.

7 Uso mis _____ para correr por el parque.

8 El móvil es muy caro. No tengo suficiente _____.

2 EL VIAJE

Comprensión lectora

a **Relaciona la información de las dos columnas.**

1 Viajar en el tiempo	**a** y salimos de casa.
2 Tienes que programar	**b** y comemos fruta.
3 Para viajar necesitas	**c** un pasaporte de viajero del tiempo.
4 Cogemos las maletas	**d** de la maleta amarilla.
5 En el año 2022	**e** es fácil y divertido.
6 Tenemos hambre	**f** el viaje de vuelta.
7 Sacamos nuestras máquinas del tiempo	**g** también hay aeropuertos.
8 Nos despertamos	**h** en el aeropuerto de Madrid.

Vocabulario

b **Completa las oraciones con la forma correcta del verbo.**

encantar • coger • despertarse • necesitar
cerrar • preguntar • viajar • tener

1 No puedes _____ solo en el tiempo.

2 Tú también _____ un pasaporte de viajero del tiempo.

3 A las tres de la tarde, _____ nuestras maletas y salimos de casa.

4 La azafata nos _____ a qué año viajamos.

5 ¡Me _____ el siglo XXI! Es muy interesante.

6 Necesito comer, _____ hambre.

7 _____ los ojos y esperamos 10 segundos.

8 Cinco minutos después, mi familia y yo _____ en el año 2022.

3 LLEGAMOS A MADRID

Comprensión lectora

a **¿Qué pasa antes? Ordena cronológicamente los eventos del capítulo. Numera del 1 al 8.**

a ☐ La familia de Cristina llega al hotel.

b ☐ Los padres de Cristina y Leo buscan la maleta amarilla.

c ☐ Desde la ventana de su habitación Leo y Cristina ven la Gran Vía.

d ☐ En la puerta del hotel Cristina ve al hombre misterioso.

e ☐ Cristina y su familia toman un taxi blanco.

f ☐ El padre de Cristina y el taxista hablan en español.

g ☐ Cristina y su familia salen del hotel a las ocho y media para ir a cenar.

h ☐ El hombre misterioso se esconde detrás de un árbol.

Vocabulario

b **Relaciona la información de las dos columnas.**

1 En el aeropuerto de Madrid todo el mundo

2 El taxista que lleva a la familia al hotel

3 La Gran Vía es una calle

4 Madrid es un paraíso para

5 En el hotel tienen

6 Cristina y su familia van a

7 A Cristina le gusta

8 Cuando Cristina ve al hombre,

a dos habitaciones.

b muy importante de Madrid.

c observar a las personas.

d tiene prisa.

e hacer compras.

f tiene miedo y quiere gritar.

g habla muy rápido.

h cenar comida española del siglo XXI.

4 DE PASEO POR MADRID

Comprensión lectora

a **Lee las siguientes afirmaciones. Hay tres que no son verdad. Márcalas con una X.**

1 ☐ La fiesta de Madrid es San Isidro.
2 ☐ El padre de Cristina y su hermano quieren visitar el Museo del Prado.
3 ☐ En el Parque de El Retiro hay fuentes.
4 ☐ Cristina come un helado de turrón.
5 ☐ A Leo le gustan los malabaristas.
6 ☐ A Cristina no le gustan los pintores.
7 ☐ Un pintor pinta un cuadro de Picasso.
8 ☐ El hombre del cuadro es el hombre misterioso del aeropuerto.

Vocabulario

b **Relaciona las siguientes palabras con otras que significan lo contrario.**

1 mañana	a grande
2 mucho/a	b feo/a
3 precioso/a	c adulto/a
4 pequeño/a	d odiar
5 gustar	e corto/a
6 niño/a	f noche
7 largo/a	g poco/a
8 muerto/a	h vivo/a

RESUMEN I: ¡Cuenta la historia!

1 Lee otra vez los capítulos del 1 al 4.

2 Lee los eventos que aparecen a continuación y ordénalos cronológicamente (numera del 1 al 8).

a ☐ Cristina y su familia llegan al aeropuerto de Madrid.

b ☐ Cristina ve por primera vez al hombre misterioso.

c ☐ Cristina y su familia visitan el Parque del Retiro.

d ☐ Los padres de Cristina encuentran la maleta amarilla.

e ☐ Entran en la sala de embarque.

f ☐ Cristina y su familia eligen viajar a Madrid al año 2022.

g ☐ La maleta con las máquinas del tiempo se pierde en el aeropuerto de Madrid.

h ☐ Cristina ve al hombre misterioso pintado en un cuadro en el Retiro.

3 Escribe un resumen corto (80-100 palabras) de los capítulos 1-4 con tus propias palabras.

4 Cuenta la historia a un compañero de clase y compara tu versión con la suya.

5 VISITA AL MUSEO DEL PRADO

Comprensión lectora

a **Relaciona la información de las dos columnas.**

1 Después de visitar el Parque del Retiro

2 Solo hay una

3 Vamos todos al

4 El Museo del Prado

5 En el museo

6 Hay cuadros de

7 Necesitamos mucho tiempo

8 Hay una nota

a máquina del tiempo.

b hacemos dos equipos.

c volvemos al hotel.

d Museo del Prado.

e en el cuadro.

f para encontrar el cuadro.

g no está lejos de la Gran Vía.

h pintores de todo el mundo.

Vocabulario

b **Busca palabras en el capítulo que signifiquen lo mismo (sinónimos).**

1 gente: _____

2 dormitorio: _____

3 pinturas: _____

4 construcción: _____

5 grupos: _____

6 ver: _____

7 gustar mucho: _____

8 mensaje: _____

6 LA NOTA MISTERIOSA

Comprensión lectora

a ¿Verdadero o falso?

	V	F
1 La nota no se puede leer bien.	☐	☐
2 La palabra incompleta es "padre".	☐	☐
3 El abuelo de la princesa es un rey.	☐	☐
4 La princesa se llama Margarita Teresa.	☐	☐
5 Salen del hotel por la mañana.	☐	☐
6 En la Puerta del Sol hay artistas callejeros.	☐	☐
7 En la Puerta del Sol hay muchas estatuas de reyes y caballos.	☐	☐
8 La estatua de Felipe III está en la Plaza Mayor.	☐	☐

Vocabulario

b Elige la opción correcta.

1 La palabra "pintor" tiene seis...

    a frases   **b** vocales   **c** letras

2 En la familia real hay príncipes, princesas, reinas y...

    a reyes   **b** presidentes   **c** políticos

3 Una escultura de personas o animales es una...

    a plaza   **b** estatua   **c** fuente

4 Un "caballo" es un...

    a animal mamífero   **b** tipo de árbol   **c** artista callejero

5 Las personas que visitan ciudades y monumentos son...

    a ciudadanos   **b** turistas   **c** familiares

6 Un lugar amplio al aire libre dentro de una ciudad o pueblo es una...

    a puerta   **b** calle   **c** plaza

7 NUESTRO AMIGO VELÁZQUEZ

Comprensión lectora

a Lee las siguientes afirmaciones. Hay tres que no son verdad. Márcalas con una X.

1 ☐ Leo encuentra una nota en la estatua.

2 ☐ Leo quiere comer tortilla de patatas.

3 ☐ El hombre misterioso es Velázquez.

4 ☐ Velázquez habla muy despacio.

5 ☐ La princesa y las meninas son viajeras del tiempo.

6 ☐ La princesa tiene las máquinas del tiempo.

7 ☐ A la princesa le gusta el color amarillo.

8 ☐ A Cristina le encanta el chocolate con churros.

Vocabulario

b Relaciona las siguientes palabras con otras que significan lo contrario.

1 junto/a	**a** antipático/a
2 famoso/a	**b** lejos
3 cerca	**c** separado/a
4 responder	**d** despacio
5 reír	**e** preguntar
6 simpático/a	**f** desconocido/a
7 rápido	**g** llorar
8 izquierda	**h** derecha

8 LA CENA EN EL PALACIO REAL

Comprensión lectora

a **Relaciona la información de las dos columnas.**

1 La cena es en
2 Compran comida
3 Leo compra
4 En las paredes
5 La princesa
6 A Cristina le gustan mucho
7 La princesa y Velázquez son
8 En Madrid por la noche

a unos cocineros increíbles.
b lleva ropa muy elegante.
c hay cuadros de Veláz-quez.
d aceitunas y pan.
e una habitación secreta.
f hay mucha gente y muchas luces.
g en el mercado.
h las tapas.

Vocabulario

b **Elige la opción correcta.**

1 Un palacio es un edificio histórico donde viven...
   a reyes   b turistas   c pintores
2 Damos un ... hasta el Palacio Real.
   a paseo   b tiempo   c camino
3 Compramos comida en los ... del mercado.
   a restaurantes   b puestos   c lugares
4 El agua, los refrescos o el café son tipos de...
   a comida   b tienda   c bebida
5 Los ... preparan comida deliciosa.
   a viajeros   b malabaristas   c cocineros
6 Por la noche hay muchas ... en Madrid.
   a estatuas   b luces   c sombras

RESUMEN II: ¡Cuenta la historia!

1 Lee otra vez los capítulos del 5 al 8.

2 Lee los eventos que aparecen a continuación y ordénalos cronológicamente (numera del 1 al 8).

a ☐ Velázquez dice que es un viajero del tiempo.

b ☐ Encuentran una nota en el cuadro de "Las Meninas".

c ☐ Cristina y su madre necesitan mucho tiempo para encontrar el cuadro de "Las Meninas".

d ☐ Cristina y su familia buscan estatuas de reyes a caballo.

e ☐ La familia de Cristina no encuentra las máquinas del tiempo.

f ☐ Cristina y su familia conocen a la princesa y a las meninas.

g ☐ Cristina y su familia cenan en el Palacio Real.

h ☐ Encuentran la estatua de Felipe III en la Plaza Mayor.

3 Escribe un resumen corto (80-100 palabras) de los capítulos 5 al 8 con tus propias palabras.

4 Cuenta la historia a un compañero de clase y compara tu versión con la suya.

1 LA MALETA AMARILLA

a **1** V, **2** F (Cristina necesita una maleta grande), **3** V, **4** F (Cristina y su familia viajan al año 2022), **5** F (Cristina no tiene espacio en su maleta), **6** V, **7** V, **8** V.

b **1** semana, **2** vacaciones, **3** ropa, **4** maleta, **5** primavera, **6** vaqueros, **7** deportivas, **8** dinero.

2 EL VIAJE

a **1** e, **2** f, **3** c, **4** a, **5** g, **6** b, **7** d, **8** h.

b **1** viajar, **2** necesitas, **3** cogemos, **4** pregunta, **5** encanta, **6** tengo, **7** Cerramos, **8** nos despertamos.

3 LLEGAMOS A MADRID

a **a** 4, **b** 1, **c** 5, **d** 7, **e** 2, **f** 3, **g** 6, **h** 8.

b **1** d, **2** g, **3** b, **4** e, **5** a, **6** h, **7** c, **8** f.

4 DE PASEO POR MADRID

a Incorrectas: **2** (El padre de Cristina y su hermano quieren visitar el estadio Santiago Bernabéu), **6** (A Cristina le encantan los pintores), **7** (Un pintor pinta un cuadro de Velázquez).

b **1** f, **2** g, **3** b, **4** a, **5** d, **6** c, **7** e, **8** h.

RESUMEN I: ¡Cuenta la historia!

2 **a** 4, **b** 3, **c** 7, **d** 6, **e** 2, **f** 1, **g** 5, **h** 8.

3 Ejemplo de resumen:

Cristina, Leo y sus padres son viajeros del tiempo. Viajan a Madrid, al año 2022, desde un aeropuerto del tiempo. En la sala de embarque hay un hombre misterioso. Pierden la maleta amarilla con las máquinas del tiempo en el aeropuerto de Madrid, pero los padres de Cristina finalmente la encuentran. El hotel donde están Cristina y su familia está en el centro. Un día Cristina ve al hombre misterioso cerca del hotel. Cristina y su familia visitan la ciudad y sus monumentos. Cristina descubre al hombre misterioso en un cuadro pintado por un pintor en el Parque del Retiro.

5 VISITA AL MUSEO DEL PRADO

a **1** c, **2** a, **3** d, **4** g, **5** b, **6** h, **7** f, **8** e.

b **1** personas, **2** habitación, **3** cuadros, **4** edificio, **5** equipos, **6** mirar, **7** encantar, **1** nota.

6 LA NOTA MISTERIOSA

a **1** V, **2** F (La palabra incompleta es "abuelo"), **3** V, **4** V, **5** F (Salen del hotel a las siete y media de la tarde), **6** V, **7** F (En la Puerta del Sol hay una estatua de un rey y un caballo), **8** V.

b **1** c, **2** a, **3** b, **4** a, **5** b, **6** c.

7 NUESTRO AMIGO VELÁZQUEZ

a Incorrectas: **1** (Papá encuentra una nota en la estatua), **2** (Leo quiere comer chocolate con churros), **4** (Velázquez habla muy rápido).

b **1** c, **2** f, **3** b, **4** e, **5** g, **6** a, **7** d, **8** h.

8 LA CENA EN EL PALACIO REAL

a **1** e, **2** g, **3** d, **4** c, **5** b, **6** h, **7** a, **8** f.

b **1** a, **2** a, **3** b, **4** c, **5** c; **6** b.

RESUMEN II: ¡Cuenta la historia!

2 **a** 6, **b** 3, **c** 2, **d** 4, **e** 1, **f** 7, **g** 8, **h** 5.

3 Ejemplo de resumen:

Cristina y su familia buscan sus máquinas del tiempo. Cristina tiene la idea de visitar el Museo del Prado. En el museo buscan el cuadro de "Las Meninas". Allí encuentran una nota. Tienen que buscar una estatua con un caballo y un rey. Encuentran una nota en la estatua de Felipe III en la Plaza Mayor. La nota dice que tienen que ir a una cafetería. Allí conocen a Velázquez, a la princesa y a las meninas. Todos son viajeros del tiempo y han cogido las máquinas del tiempo por accidente. Finalmente, todos cenan en el Palacio Real de Madrid.

Aeropuerto Adolfo Suárez-Madrid Barajas

Está en el distrito de Barajas, a 12 kilómetros del centro de la ciudad de Madrid, dirección noreste. Es el primer aeropuerto español por tráfico de pasajeros, carga aérea y operaciones.

Calle Gran Vía

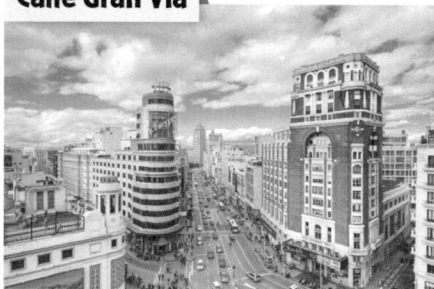

Construida a principios del siglo xx, es una de las principales calles de Madrid. Es una calle importante para el comercio, el turismo y el ocio, especialmente debido a los musicales. Por este motivo, el tramo que va de la plaza del Callao a la de España se conoce como el «Broadway madrileño».

Fiestas de San Isidro

Son unas fiestas patronales en honor a Isidro Labrador, patrón de Madrid, y se celebran el 15 de mayo. Este festejo incluye romerías, verbenas, atracciones y diversos espectáculos tradicionales.

Parque del Retiro

Es un jardín histórico y parque público desde 1868. Considerado como una de las principales atracciones turísticas de Madrid, tiene figuras arquitectónicas y paisajísticas desde el siglo XVII al XXI, entre las que destacan el Palacio de Cristal, el Estanque Grande, la puerta de Felipe IV o el Real Observatorio Astronómico.

Museo del Prado

Es uno de los museos más importantes y de los más visitados del mundo. Es rico especialmente en cuadros de maestros españoles del XIX, y de varias escuelas pictóricas del resto de Europa entre los siglos XV y XVIII. Sus principales atractivos son la obra de Velázquez, el Greco, Goya, Tiziano, Rubens y el Bosco.

Estadio Santiago Bernabéu

Es un recinto deportivo propiedad del Real Madrid Club de Fútbol. Situado en el paseo de la Castellana e inaugurado en 1947, está catalogado por la UEFA (Unión de Federaciones Europeas de Fútbol) con la máxima distinción: «estadio de élite».

Fuente de Cibeles

Construida en el siglo XVIII y conocida por los madrileños como «La Cibeles» es una fuente monumental situada en el centro de la capital española. Es actualmente un icono para la ciudad y el lugar donde los aficionados del Real Madrid celebran sus victorias.

Puerta de Alcalá

Construida por Carlos III en el siglo XVIII, se trata de una puerta de estilo neoclásico y aspecto monumental similar a los arcos de triunfo romanos. La puerta de Alcalá forma parte de los recorridos turísticos típicos de la ciudad y se encuentra entre la Cibeles y el Retiro.

Las "Meninas"

Representa la familia de Felipe IV y se considera la obra maestra del pintor Diego Velázquez. Acabada en 1656, es una pintura realizada al óleo sobre un lienzo de grandes dimensiones donde las figuras situadas en primer plano se representan a tamaño natural. Es una de las obras pictóricas más analizadas y comentadas en el mundo del arte.

Diego Velázquez (1599-1660)

Pintor barroco considerado uno de los máximos exponentes de la pintura española y maestro de la pintura universal. Fue nombrado pintor de cámara del rey Felipe IV, el cargo más importante entre los pintores de la corte. Sus obras más conocidas son *Las meninas*, *Las hilanderas*, *La rendición de Breda* y el *Retrato del papa Inocencio x*.

Puerta del Sol

Es una de las plazas más famosas de Madrid y el punto de encuentro de madrileños y turistas. Desde el reloj de la torre del edificio de la Casa de Correos se dan las campanadas a las 12 de la noche cada 31 de diciembre. En España es tradicional tomar doce uvas con las campanadas, que desde 1962 se retransmiten desde la Puerta del Sol por diversos canales de televisión.

Plaza Mayor

Se trata de una plaza de planta rectangular que está completamente cerrada por edificios de viviendas de tres plantas, con 237 balcones. En el centro de la plaza se encuentra la estatua de Felipe III. La plaza Mayor es actualmente un importante punto turístico y es un espacio muy utilizado para festivales. Todos los meses de diciembre, se celebra el mercado navideño.

Chocolate con churros

Es un plato típico de España que se toma también en varios países hispanoamericanos como Paraguay, México, Argentina, Chile y Uruguay desde hace más de un siglo. Se consume como desayuno y en algunas ocasiones como merienda, especialmente durante los meses de invierno.

Mercado de San Miguel

Construido con una estructura de hierro en 1916 y con más de 10 millones de visitantes al año, el Mercado de San Miguel es actualmente un lugar donde, en sus innumerables bares, los visitantes pueden degustar platos de todos los rincones de España.

Palacio Real

Construido en el siglo XVIII como palacio para los reyes, es actualmente utilizado para ceremonias de Estado y actos solemnes. Tiene una extensión de 135 000 m^2 y 3418 habitaciones; es el palacio real más grande de Europa Occidental y uno de los más grandes del mundo.

and Langtang treks is the Dhunche dispensary.

HELAMBU TREK

The Helambu Trek only takes seven days, starts from Sundarijal at the eastern end of the Kathmandu Valley and does not climb above 3500m. It makes a loop through the Sherpa-populated Helambu region to the north-east of Kathmandu and only the first day's walk is repeated on the return trip. The trek's main drawback is that it does not offer fine Himalayan views, like some other treks, but it can be trekked on a village-inn basis as there are guest houses and lodges in many of the villages along the trail.

The Sherpa people of the Helambu region are friendly and hospitable, just like their better known kinfolk of the Solu Khumbu region. In other ways, however, they are quite different from the Sherpas from around Mt Everest. The Sherpa women of Helambu are renowned for their beauty and during the Rana period many of them worked for aristocratic families in Kathmandu.

As in Solu Khumbu, the potato is a vitally important crop and not only forms a large part of the local diet, but is also exported to the Nepali lowland in exchange for rice and other lowland produce.

Day 1: Kathmandu via Sundarijal to Pati Bhanjyang

There's no direct bus to Sundarijal, 15 km from Kathmandu, but you can get to the start of the trail by taxi, or get a bus to Jorpati, just beyond Bodhnath, and catch a Sundarijal bus at the road junction. At Sundarijal you must pay a Rs 250 entrance fee to the Seopuri Water Resources & Wildlife Conservation Project, the organisation that administers the area.

From Sundarijal the trail starts off up concrete steps beside the pipeline which brings drinking water down to the valley. Eventually the trail leaves the pipeline from near the dam and reaches Mulkharka, sprawling up the ridge around 1895m, 600m above Sundarijal. There are superb views back over the valley and some convenient tea houses for rest and refreshment.

The trail continues to climb, but less steeply, through Chisopani and then drops down to Pati Bhanjyang at 1770m. Chisopani is rather like a grubby little truck stop without the trucks but the mountain views in the morning can be very fine. Take care of your possessions here, it's still rather close to the Kathmandu Valley. There are lodges at Chisopani and at Pati Bhanjyang which also has a police checkpost where your trekking permit may be inspected.

Day 2: Pati Bhanjyang to Khutumsang

The trail rises and falls through Chipling at 2170m then over a 2470m pass and down past a large chorten to the village of Gul Bhanjyang. From here the trail climbs again to reach a 2620m pass before descending along a rocky route to Khutumsang at 2470m. The Rs 650 entry fee to the Langtang National Park is collected at the office here, although it's better to get it in Kathmandu before starting out. There are lodges at Gul Bhanjyang and Khutumsang or there's the *Dragon Lodge* beside a pleasant meadow about 45 minutes before Khutumsang.

Day 3: Khutumsang to Malemchigaon

The trail follows a ridge line with views of the Langtang and Gosainkund peaks through sparsely populated forests to Magen Goth with an army checkpost before finally reaching the Tharepati pass at 3490m. The trail to Gosainkund branches off north-west from here. Tharepati has several lodges including the nicely situated *Himaliya Lodge* on the Khutumsang side.

From the pass the trail turns east and descends rapidly down a ravine to the pretty Sherpa village of Malemchigaon at 2530m. There are a number of lodges in the village and a very brightly painted gompa.

Day 4: Malemchigaon to Tarke Gyang

From Malemchigaon the trail continues to drop, crossing the Malemchi Khola by a bridge at 1890m and then making the long climb up the other side of the valley to Tarke

Saligrams

The black fossils of marine animals known as saligrams are found at several points along the Kali Gandaki, most notably in the area north of Jomsom around Muktinath, but also at Ridi Bazaar and Devghat. These ammonite fossils date back to the Jurassic period over 100 million years ago and provide dramatic evidence that the mighty Himalaya was indeed once under water.

Saligrams are considered holy emblems. They are sometimes believed to represent Vishnu, and are often held during worship and when making a vow. In Pokhara, the image of the goddess Durga (Parvati) in her Binde Basini Bhagwati form is a saligram.

You will see many on sale in Pokhara or along the Jomsom trail. Think twice before buying them: firstly, it is actually illegal to collect them, because the government is concerned about potential damage to Nepal's fossil record, secondly, they're overpriced, and thirdly, adding rocks to your backpack is never a good idea! ■

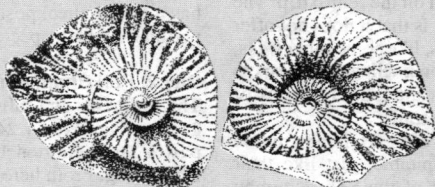

TREKKING

Bazaar to Gokyo and back. This trek ends at another Kala Pattar with fine, but different, views of Everest. You can even combine both Kala Pattars by crossing the 5420m Cho La pass, but you had better bring your ice axe and crampons and know how to use them.

A shorter side trip from Namche Bazaar is to Thami, the gateway to Tesi Lapcha and the Rolwaling Himal. You can do a round trip to Thami in a day, although it's better to stay overnight in order to catch the morning views.

Helambu & Langtang Treks

Although they are not as well known and popular as the Everest Base Camp or the Annapurna Circuit treks, these two treks offer a number of distinct advantages. They are north of the Kathmandu Valley, so both are easily accessible from Kathmandu. Indeed you can leave your hotel in Kathmandu and set foot on the Helambu trail within an hour.

The Helambu Trek only takes a week so it is ideal for people who do not have the time for one of the longer treks. Since it stays at relatively low altitudes it does not require fancy cold-weather equipment and clothing. It can start from and finish in the Kathmandu Valley, and although it does not offer superb mountain scenery it is culturally interesting. The maximum height reached is only 2800m and there is plenty of accommodation along the route, although it's still a good idea to carry a sleeping bag.

The Langtang Trek, on the other hand, gives you the opportunity to get right in amongst the Himalayan peaks and to walk through remote areas. The trek lasts 10 to 12 days if you walk in and out, but can be varied by flying out or by crossing a high pass either via the Gosainkund Lakes or across the 5000m Ganja La pass down to the Helambu region. There are fine views and interesting villages, and although there are some relatively uninhabited stretches, accommodation is available. The maximum height reached is 3800m.

MEDICAL SERVICES

The only medical facility on the Helambu

leads to the foot of glaciers high in the Langtang Valley. The trail passes through Tibetan and Tamang villages and offers fine views of the Ganesh Himal. Though the trek passes through comparatively lightly populated and undeveloped areas, it's possible to stay at village inns along the route. Ascending from just 541m at Trisuli Bazaar to 3800m at Kyanjin Gompa, the trail passes through an ever-changing climate and offers trekkers an exceptional diversity of scenery and culture.

Day 1: Kathmandu via Trisuli to Dhunche

It's 72 km from Kathmandu to Trisuli Bazaar – about four hours by car or six by bus. The road is paved but very winding and offers some fine mountain views. Rani Pauwa is the only large village along the route. From here the 50 km road to Dhunche is steep, winding and rather hairy, passing through Betrawati and Thare. There are two buses per day from Kathmandu to Dhunche, and the 12 hour trip costs Rs 90.

Dhunche is a pretty village at 1950m and here you will have your trekking permit checked and must pay the entrance fee to the Langtang National Park, although it's preferable to buy a permit in Kathmandu before starting your trek. The road continues from here, winding its way over a mountain pass to the village of Somdang, at the foot of Ganesh Himal.

Day 2: Dhunche to Syabru

Soon after Dhunche the trail leaves the road and follows the Trisuli Khola, crossing it and climbing steeply and then leaving the Gosainkund trail and following a ridge to Bharku at 1860m. Most of the Trisuli River's water comes from the Bhote Kosi River, from Tibet. (Bhote Kosi means 'river from Tibet'.) From Bharku you climb to 2300m and enter the Langtang Valley with views of Himalayan peaks to the west, north and east. The trail descends rapidly to Syabru at 2130m where there are lots of good hotels.

There is an alternative route to Langtang by continuing the drive past Dhunche to Syabrubesi and then trekking up the Langtang Valley through Syapargaon, joining the primary route near Chongong.

Day 3: Syabru to Chongong

The trail descends through forest to the Langtang Khola at 1890m then follows the river upstream, crossing from the southern to northern bank to reach Chongong at 2380m. Some maps show this as Lama Hotel, the name of one of the places to stay here.

Day 4: Chongong to Langtang Village

The trail continues to follow the Langtang Khola, climbing steeply, at times very steeply, to Ghora Tabela at 3000m where there are fine views of Langtang Lirung. Although there is no permanent settlement here, there is a good lodge, and your trekking permit and national park entry permit will be checked again here.

From Ghora Tabela the trail climbs more gradually to Langtang village at 3500m. The national park headquarters is here and Langtang and the villages around are in Tibetan style with stone walls around the fields and herds of yaks.

Day 5: Langtang Village to Kyanjin Gompa

Passing through small villages it only takes the morning to climb to Kyanjin Gompa at 3800m where there is a monastery, a lodge and a cheese factory. There are a number of interesting walks from the gompa and if you are intending to continue over the Ganja La pass to Helambu you should spend some time here acclimatising. From the gompa climb up to 4300m on the glacial moraine to the north for the superb views of Langtang Lirung. Day walks can also be made to Yala or further up the valley for more spectacular views.

Alternative Routes from Kyanjin Gompa

There are several alternative routes back to Kathmandu. There are very occasional helicopter flights from the nearby STOL airstrip, but these are usually sightseeing trips and it's unlikely that you could get a seat on one. You can simply retrace your route back down the valley to Dhunche or, if the season and weather permits, attempt the high route via the Gosainkund Lakes to Helambu. If you have a tent, stove and food, you could tackle the Ganja La pass.

Across the Ganja La Walking from the Kyanjin Gompa at the end of the Langtang route south to Tarke Gyang in Helambu involves crossing the 5106m Ganja La pass. The pass is usually blocked by snow from December to March and at any time a bad weather change can make crossing the pass decidedly dangerous. The walk takes four days and between Kyanjin and Tarke Gyang there is no permanent settlement. The final climb to the pass on both sides is steep and exposed. During most of the year there is no water for two days south of the pass, so you must be prepared for all these complications.

This is one of the more difficult passes in Nepal and should not be attempted without local advice, adequate acclimatisation, good equipment and some experience.

Gosainkund Lakes The trek via the Gosainkund Lakes is another way of crossing between Langtang and Helambu. Again, adequate preparation is necessary, but there are tea houses along the route, so finding food and accommodation is not a problem in the trekking season. There is often snow on the Gosainkund trail, so the route becomes impassable during much of the winter.

It takes four days to walk from Dhunche, at the start of the Langtang Trek, to Tharepati in Helambu, although this entails a big altitude gain (nearly 2500m) in a short time. It's better perhaps to gain altitude gradually by going into the Langtang Valley first, and visiting the lakes on the return to Kathmandu. The trek can also be made either from Helambu or by turning off the Langtang route from Syabru, and it's an excellent choice as a return route from the Langtang Trek.

Gosainkund is the site for a great pilgrimage in August each year – this is the height of the monsoon, not a pleasant time for trek-

king. The large rock in the centre of the lake is said to be the remains of a Shiva shrine and it is also claimed that a channel carries water from the lake directly to the tank at the Kumbeshwar Temple in Patan, 60 km to the south.

Day 1 takes you from Dhunche at 1950m to the Sing Gompa at 3350m. The route from Syabru to the gompa can be confusing. The second day's walk climbs steeply with fine mountain views then drops down to Saraswatikund at 4100m, the first of the Gosainkund Lakes. The second lake is Bhairabkund, the third is Gosainkund itself at 4380m. There are seasonal lodges at Gosainkund, and also stone shelters used by pilgrims during the festival at the August full moon. During the season, hotels operate along the route from Sing Gompa to the lakes.

From the lake the trail climbs still higher to the four lakes near the Lauribina pass at 4610m, then drops down to Gopte at 3430m where there are also seasonal lodges.

It was in the Gopte area that an Australian trekker got lost in 1991 and was not found for 43 days. It should be pointed out that he ended up in this predicament by straying from the major – and even minor – trails, and disregarded basically all the safety rules. Nearby is the place where a Thai International Airbus became lost in 1992 and crashed into a mountain.

The final day's walk descends to a stream and then climbs to Tharepati at 3490m. From Tharepati you can either take the direct route south to Pati Bhanjyang and Kathmandu or head west to Tarke Gyang and Helambu.

Jomsom, Annapurna Circuit & Other Pokhara Treks

Pokhara is the starting or finishing point for some of the best trekking in Nepal and the long Annapurna Circuit Trek is the most popular trek in the country.

The reasons for the area's popularity are numerous. Firstly, you can start your trek